A existência
e a morte

A existência e a morte
Luís César Oliva

FILOSOFIAS: O PRAZER DO PENSAR
Coleção dirigida por
Marilena Chaui e Juvenal Savian Filho

wmf **martinsfontes**
São Paulo 2012

*Copyright © 2012, Editora WMF Martins Fontes Ltda.,
São Paulo, para a presente edição.*

1ª edição 2012

Acompanhamento editorial
Helena Guimarães Bittencourt
Revisões gráficas
Letícia Braun
Edição de arte
Katia Harumi Terasaka
Produção gráfica
Geraldo Alves
Paginação
Moacir Katsumi Matsusaki

**Dados Internacionais de Catalogação na Publicação (CIP)
(Câmara Brasileira do Livro, SP, Brasil)**

Oliva, Luís César
  A existência e a morte / Luís César Oliva. – São Paulo : Editora WMF Martins Fontes, 2012. – (Filosofias : o prazer do pensar / dirigida por Marilena Chaui e Juvenal Savian Filho)

  ISBN 978-85-7827-584-6

  1. Existência (Filosofia) 2. Fenomenologia existencial 3. Morte (Filosofia) I. Chaui, Marilena. II. Savian Filho, Juvenal. III. Título. IV. Série.

12-05916 CDD-128

Índices para catálogo sistemático:
  1. Existência e morte : Filosofia 128

Todos os direitos desta edição reservados à
Editora WMF Martins Fontes Ltda.
*Rua Prof. Laerte Ramos de Carvalho, 133 01325.030 São Paulo SP Brasil
Tel. (11) 3293.8150 Fax (11) 3101.1042
e-mail: info@wmfmartinsfontes.com.br http://www.wmfmartinsfontes.com.br*

SUMÁRIO

Apresentação • 7
Introdução • 9

1 O estoicismo e a morte: o caso de Sêneca • 13
2 O pensamento cristão e a morte: o caso de Pascal • 33
3 Um desafio aos dogmas: o caso de Espinosa • 45
4 Conclusão • 54

Ouvindo os textos • 57
Exercitando a reflexão • 62
Dicas de viagem • 67
Leituras recomendadas • 78

APRESENTAÇÃO
Marilena Chaui e Juvenal Savian Filho

O exercício do pensamento é algo muito prazeroso, e é com essa convicção que convidamos você a viajar conosco pelas reflexões de cada um dos volumes da coleção *Filosofias: o prazer do pensar*.

Atualmente, fala-se sempre que os exercícios físicos dão muito prazer. Quando o corpo está bem treinado, ele não apenas se sente bem com os exercícios, mas tem necessidade de continuar a repeti-los sempre. Nossa experiência é a mesma com o pensamento: uma vez habituados a refletir, nossa mente tem prazer em exercitar-se e quer expandir-se sempre mais. E com a vantagem de que o pensamento não é apenas uma atividade mental, mas envolve também o corpo. É o ser humano inteiro que reflete e tem o prazer do pensamento!

Essa é a experiência que desejamos partilhar com nossos leitores. Cada um dos volumes desta coleção foi concebido para auxiliá-lo a exercitar o seu pensar. Os temas foram cuidadosamente selecionados para abordar os tópicos mais importantes da reflexão filosófica atual, sempre conectados com a história do pensamento.

Assim, a coleção destina-se tanto àqueles que desejam iniciar-se nos caminhos das diferentes filosofias como àqueles que já estão habituados a eles e querem continuar o exercício da reflexão. E falamos de "filosofias", no plural, pois não há apenas uma forma de pensamento. Pelo contrário, há um caleidoscópio de cores filosóficas muito diferentes e intensas.

Ao mesmo tempo, esses volumes são também um material rico para o uso de professores e estudantes de Filosofia, pois estão inteiramente de acordo com as orientações curriculares do Ministério da Educação para o Ensino Médio e com as expectativas dos cursos básicos de Filosofia para as faculdades brasileiras. Os autores são especialistas reconhecidos em suas áreas, criativos e perspicazes, inteiramente preparados para os objetivos dessa viagem pelo país multifacetado das filosofias.

Seja bem-vindo e boa viagem!

INTRODUÇÃO

Não há incômodo maior do que falar da morte.

Não se fala dela a pessoas muito doentes ou idosas, embora se saiba que ela pode estar próxima. Não se fala dela a crianças, embora se saiba que ela pode estar distante. Também não se fala dela a quem perdeu um ente querido, embora se saiba que ela está presente.

Não falar da morte, porém, não significa que todas essas pessoas não pensem nela e, acima de tudo, não sejam afetadas por ela. Ou seja, o incômodo estará lá, de um jeito ou de outro, porque falar da morte não seria um incômodo se a própria morte não o fosse.

Falar da morte é um incômodo porque sua imagem está aí, assombrando-nos, e falar dela é trazer à tona aquilo que todos carregam em silêncio, como se não falar de um peso em nossas costas pudesse torná-lo mais leve. Mais do que o respeito e a compaixão pelos doentes, crianças ou viúvos, é esse incômodo que inibe a discussão, e essa inibição acabou por constituir-se em um costume bastante difundido nos dias de hoje: evitar falar da morte e, por consequência, evitar refletir sobre ela.

Mas será que em nome de evitar um incômodo ou de cumprir uma regra social de etiqueta devemos renunciar a um assunto que nos atinge a todos? Afinal, mesmo não sendo crianças, nem doentes, nem idosos, nem viúvas ou viúvos, somos todos finitos. Sabemos que nossos dias vão acabar e que nossos projetos, nossos prazeres e nossas relações não podem durar para sempre. Mas também sabemos, de maneira semelhante, que nossas frustrações, nossos sofrimentos e nossas brigas também não durarão para sempre. A questão que se apresenta, portanto, é: vale a pena abandonar a reflexão sobre algo que, queiramos ou não, volta e meia passará por nossa cabeça?

Sabendo que somos incapazes de evitar que a morte nos venha à mente, o que está em questão não é tanto pensar ou não pensar nela, mas de que maneira pensar. Será que ficar à mercê de *flashes* imaginários assustando-nos inesperadamente aqui e ali é melhor do que refletir individualmente e discutir publicamente a questão?

Se a Filosofia abordou a morte em tantas oportunidades, contrariando a comodidade e por vezes a etiqueta, foi por uma aposta de que a reflexão é melhor do que o medo; de que um conceito da morte é melhor do que um fantasma dela. Não se pode dizer que os filósofos derrotaram completamente o medo ou esgotaram a questão, mas suas várias tentativas de refletir deram-nos subsídios para compreender melhor um mistério que vai continuar nos afligindo enquanto permanecer mistério.

Felizmente, porém, não estamos num "tudo ou nada". Não há apenas duas alternativas: total compreensão ou total ignorância. Quanto mais compreendermos a morte, menos estaremos sujeitos ao medo e ao incômodo causados por seu fantasma. A aposta na reflexão é o esforço contínuo de tirar o véu do mistério e vê-lo como é. É verdade que há sempre novos véus por baixo dos primeiros, mas a cada vez enxergamos mais nitidamente; e, se ainda não compreendemos totalmente a morte, ao menos compreendemos por que ela nos assusta. Por isso, ficamos mais fortes diante dela. Mais fortes para quê? Paradoxalmente, como veremos, mais fortes para a vida.

Neste livro, abordaremos três dos filósofos que enfrentaram esse tema tão importante quanto espinhoso: Sêneca (Lúcio Aneu Sêneca, c. 4 a.C.-65 d.C.), Blaise Pascal (1623-1662) e Baruch de Espinosa (1632-1677). Nossa ideia, portanto, não é, nem poderia ser, esgotar o tema. Até porque, para fazê-lo, teríamos de abordar as contribuições que as várias ciências, como a Biologia, a Psicologia e a Sociologia, deram à discussão, sem falar na literatura, nas artes e nas diversas religiões. Acreditamos, porém, que a especulação filosófica é o primeiro trecho do longo caminho que leva à compreensão da morte, e nossos três filósofos serão bons condutores nessa estrada.

1. O estoicismo e a morte: o caso de Sêneca

Entre os filósofos que trataram do tema da morte, um dos que mais rapidamente nos vêm à memória é Sêneca, não só pela frequência com que seus textos trataram do assunto (e do suicídio em particular), mas pelo fato de que o próprio autor teve uma morte célebre, condenado a suicidar-se pelo imperador romano Nero, de quem fora professor e conselheiro muito próximo.

Talvez o maior fracasso de Sêneca tenha sido não poder controlar as paixões de Nero, que acabaram levando o imperador a assassinar a própria mãe e, posteriormente, incendiar Roma. Mas as obras de Sêneca nunca deixaram ilusões sobre as dificuldades em alcançar a tranquilidade do ânimo, que só o sábio poderá obter. O destino não reservara a Nero tal paz de espírito. No ano 65, Sêneca foi injustamente acusado de participar de um complô para matar Nero. O imperador, então, condenou o filósofo a suicidar-se. Sêneca teve os pulsos cortados por seu médico e morreu em uma banheira quente, conversando serenamente com os amigos.

O estoicismo de Sêneca

Apesar de ter utilizado ideias e argumentações de diversas origens, Sêneca sempre se manteve fiel à doutrina do estoicismo grego, que teve larga influência na cultura romana. Essa corrente filosófica defendia, entre outras teses, a materialidade do real, ou seja, considerava corporais todas as coisas, inclusive a alma e a divindade, ainda que se limitassem a um tênue sopro. Sendo assim, é claro que a origem de nossos pensamentos, segundo os estoicos, encontrava-se na percepção sensível, pela qual os corpos exteriores excitam nossos sentidos, que apresentam à alma uma imagem da coisa externa. Se tal modificação da alma está em harmonia com o que a causa, estamos no verdadeiro. Se não, estamos no falso.

Como os estoicos não acreditavam em um deus transcendente, separado do mundo à maneira do Deus dos cristãos, a materialidade da Natureza não impede que ela seja, em certo sentido, divina, isto é, que Deus seja a Natureza, pelo menos naquilo que ela tem de ativo e racional. Essa racionalidade viria das leis e da ordem que organizam a matéria bruta sem se separar dela, de modo que o destino, que determina tudo, não seria uma força sobrenatural, mas a própria conexão natural de todas as coisas, as quais estabelecem entre si relações de causa e efeito. Por conseguinte, tudo seria necessário, isto é, nada poderia ser diferente do que é; e, no sentido de ser causalmente determinado, diz-se também que tudo é racional.

Na medida em que o destino é uma potência universal que governa o mundo inteiro, ele é chamado Providência. E porque, de um lado, esse governo conecta todas as coisas com absoluta perfeição, sem deixar nada escapar à ordem, e, de outro, o conhecimento do homem é limitado e não apreende todos os elos da cadeia causal infinita que abrange o Universo, os estoicos diziam então que a Providência opera com sabedoria superior à humana. Porém, como vimos, tal superioridade não significa separação ou transcendência: eis por que o homem racional, com todas as suas limitações, participa dessa sabedoria que o supera, sendo capaz de reconhecer na beleza do Universo e na ordenação dos fatos naturais a ação da Providência.

E o que faz o homem ao ser racional? Basicamente, toma consciência da perfeição dessa ordem, de maneira que a suma racionalidade não consistirá em romper com a Natureza nem transformá-la, mas em **seguir a Natureza**. Talvez seja essa a principal recomendação moral do estoicismo.

Se estamos, todavia, mergulhados nessa ordem tão perfeita, como explicar os males que assolam o mundo? Aí intervém a grande reviravolta filosófica do estoicismo: os males e os bens não estão onde o homem, tomado pelas paixões, vulgarmente os coloca. Os males do mundo, as desgraças, as epidemias não seriam verdadeiros males, bem como os bens mundanos (riquezas, honras, prazeres etc.) não seriam verdadeiros bens. As limitações do conhecimento humano fazem com que se vejam como males eventos que na ordem geral das coisas são necessários para o bom funcionamento do Universo. Por sua vez, os supostos bens, que nos podem ser tirados a qualquer momento pelas surpresas da vida, também não são verdadeiros bens. Uns e outros são apenas **indiferentes**, podendo ser bens ou males conforme forem bem ou mal usados.

O verdadeiro mal seria a desrazão, a recusa em aceitar a ordem do mundo e o apego excessivo a bens indiferentes. O verdadeiro bem é a ação racional e virtuosa que um homem realiza diante dos benefícios ou das intempéries da existência cotidiana. Não seria uma Fortuna boa ou má que produziria o mal ou o bem, mas essa postura racional em face das surpresas da Fortuna (o aspecto incontrolável da existência), as quais são inevitáveis, visto que o homem não sabe nem pode tudo. Em outras palavras, só há bens e males morais; o restante é indiferente, incluindo a própria morte.

A consolação a Márcia

Vistas algumas características gerais de sua principal matriz de pensamento, veremos agora como o estoico Sêneca posiciona-se diante da morte; e o faremos por meio da leitura de uma carta sua dedicada a consolar uma mãe (Márcia) pela morte de seu filho. Nessa carta consolatória, uma das mais famosas obras de Sêneca, são apresentados os principais argumentos do autor sobre o nosso tema.

O primeiro aspecto destacado por Sêneca é a inutilidade da dor e das lágrimas prolongadas de Márcia diante da morte do filho. Como vimos, o destino, no estoicismo, é considerado imutável, de modo que se lamentar por algo inscrito na cadeia necessária das causas não leva a nada. Se as lágrimas podem vencer o destino, diz Sêneca, então choremos juntos dia e noite, mas sabemos que lamentos não ressuscitam ninguém; logo não é razoável entregar-se à melancolia. E, como sabemos que a racionalidade é a própria ordem da Natureza, tampouco é natural mergulhar na dor.

Mas o que isso quer dizer? Não é natural sentir falta dos entes queridos que se foram? Ainda que seja inútil, todos sofrem com isso, inclusive os animais. A experiência parece mostrar-nos que a passagem do racional ao natural não é tão simples assim.

Sêneca, porém, não se intimida com essa objeção, até porque o filósofo não crê que seja possível tornar-se imune a todas as paixões. Seria desumano perder um filho e não sofrer, mas a diferença está na intensidade e, sobretudo, na duração desse sofrimento. É nesse aspecto que o ser humano frequentemente vai além do que seria natural, por exemplo, quando passa meses ou anos em luto profundo. Os animais não fazem isso. Mesmo entre os humanos, há variações enormes no grau de tristeza que afeta cada um: segundo Sêneca, a perda dos filhos afeta mais as mulheres do que os homens; os bárbaros mais do que os civilizados; os incultos mais do que os cultos.

Ora, as ações da Natureza não são assim, elas atingem igualmente a todos, como o fogo queima a todos da mesma maneira, independentemente da proveniência, sexo, grau de instrução ou riqueza. Desse modo, não é a Natureza, mas a opinião vulgar que promove a dor prolongada. Aliás, o que mais deturpa o quadro geral de racionalidade é a influência do meio social. As paixões humanas passam a ser as paixões do povo e não mais as que estão naturalmente em seu coração. Os novos hábitos corrompem a natureza humana, levando a atitudes irracionais. É isto o pranto excessivo diante da morte: atitude irracional, inútil e causada em grande parte pelos padrões sociais de conduta, que dizem ser "bonito" ou "digno" sofrer por longos períodos.

Nesse ponto, surge uma nova objeção: se não é por uma lei natural que sofremos tanto, mas praticamente por autoimposição, por que é tão difícil livrar-se das lágrimas pelos que se foram, mesmo quando sinceramente o queremos? A resposta de Sêneca alerta-nos para outro aspecto da questão, este ainda mais afinado com o estoicismo: só é tão difícil superarmos a dor porque nos deixamos surpreender por aquilo que está debaixo de nossos narizes, o império da Fortuna. O sábio não sofre exageradamente porque tem consciência do seguinte: todos os acidentes possíveis, bons ou maus na aparência, podem nos acontecer a qualquer momento. Podemos perder as riquezas, sucumbir às doenças, ser punidos com o exílio (tema de outra famosa carta de Sêneca, a *Consolação a Hélvia*) ou morrer. O sábio considera todas essas possibilidades, sabe que não dependem dele e que podem estar prestes a ocorrer. Por isso, está preparado para elas. Ele despreza e considera irrelevante tudo que está fora do seu domínio, domínio esse que se restringe à harmonia da alma consigo mesma e à submissão à Natureza.

Não é isso, entretanto, que se passa conosco o mais das vezes. A despeito de todos os sinais em contrário, não pensamos nos males antes que ocorram, mas iludimo-nos, crendo que somos isentos de desgraças e que nosso percurso de vida será sempre mais tranquilo do que o dos outros, esses sim "azarados". Tantos funerais passam diante de nossa porta, tantos conhecidos morrem prematuramente, e mesmo assim não acreditamos que a morte possa entrar em nossa casa. Tantos amigos são roubados, tantos ricos caem na miséria, e mesmo assim não nos convencemos de que nossos bens também são passageiros. Ora, como dirá Sêneca pouco mais à frente, a vida é uma série de percalços que não isentam ninguém; no máximo, dão uma pequena trégua.

A experiência das desgraças e surpresas da Fortuna, impostas a nós mesmos ou a outros seres humanos, deveria ser para nós um aprendizado constante. Deveríamos tornar-nos imunes aos efeitos do Destino, não os evitando, o que obviamente é impossível, mas prevendo que podem atingir-nos e reduzindo-os à sua limitada importância.

Infelizmente, porém, não é isso que mais ocorre. Pegos desprevenidos, os humanos choram e queixam-se da Fortuna, como se os bens que perderam não tivessem sido dados por ela mesma. Na verdade, não são dados, mas emprestados, pois nada passível de nos ser tirado é dom verdadeiro. Deveríamos ver nossos bens mundanos, aí incluídas as pessoas amadas, como coisas passageiras que obrigatoriamente nos serão retiradas. Mesmo os mais jovens e saudáveis podem morrer mais cedo, pois a Fortuna que nos gerou pode retomar seus empréstimos quando bem entender. Tal é a lei eterna que rege o Universo.

Se todos os males devem ser previstos, a morte deve sê-lo com muito mais razão. Afinal, a morte é a única coisa certa em nossas vidas. Segundo Sêneca, tudo caminha para ela. Não se pode condenar a Natureza por isso. Seria como criticar a quem nos deu um presente pelo fato de esse não ser tão belo quanto gostaríamos. Ao receber a vida, tanto a nossa própria quanto a dos que nos cercam, sabemos que ela tem a morte por condição. Basta um pouco de observação para perceber que é assim. Por conseguinte, não nos devem assustar as palavras aparentemente duras de Sêneca a Márcia: "se sofres porque teu filho morreu, a culpa é do dia em que ele nasceu: com essa lei ele veio ao mundo e esse destino o acompanha desde que saiu do útero". O que o filósofo destaca aqui é a naturalidade da morte como momento final da vida. Não há uma sem a outra, e seria irracional esperar que um corpo frágil e corruptível como o do ser humano pudesse tornar-se imortal ou gerar filhos imortais.

É nesse ponto que Sêneca começa a explicitar o que é a morte e, por isso mesmo, explica por que é absurdo vê-la como motivo de lamentações. A morte não é nada em si mesma, mas apenas um limite para a vida. Logo, não pode ser boa nem má, pois, para que algo seja bom ou mau, é preciso ser antes alguma coisa.

Sêneca rejeita todas as superstições ligadas a uma suposta vida após a morte: infernos assustadores, trevas, fogo, tribunais implacáveis – tudo isso não passa de fantasia dos poetas. Por outro lado, mesmo sendo mero limite e sem existência própria, a morte pode atuar como libertadora dos males da vida, que nos deixam à mercê da Fortuna. E aqui o que está em pauta não são os próprios objetos que dependem da Fortuna (e nem poderiam deixar de depender!), como a desonra e a pobreza, que não são males em si. Os verdadeiros males que a morte limita são os vícios vinculados a esses bens da Fortuna, como o medo da pobreza, a cobiça por riquezas, o desejo dos prazeres, a inveja das honras alheias etc. De tudo isso está livre quem morre, e por tal motivo Márcia não deve lamentar a morte do filho, tendo sido ele um exemplo de virtude e conseguido terminar sua vida sem se corromper. Teria podido viver mais sem se deixar levar pelas tentações? Não há como saber, de modo que a Providência que o fez morrer cedo pode bem tê-lo salvado.

Márcia, porém, poderia retrucar: mesmo que a morte não seja má em si, meu filho me foi tirado muito cedo; ele poderia ter tido uma mais longa vida de virtude. Ora, ainda que se desconsidere a possibilidade de que um humano virtuoso caia no vício, isso não basta para dizer que a Providência errou ao pôr onde pôs o limite para a vida dele. Como vimos antes, a vida é um empréstimo da Fortuna, que pode retomá-lo a qualquer momento. É um erro crer que só os velhos estão inclinados à morte. Ao contrário, diz Sêneca, desde que vê a luz o homem está se aproximando da morte, e cada um vive o quanto devia viver. A sabedoria da Providência o garante. Afinal, mesmo que o filho de Márcia pudesse viver mais tempo virtuosamente, talvez já tivesse feito todo o bem a que tinha sido destinado, ou talvez as circunstâncias e o momento de sua morte tenham tido influência vital para o aumento do bem do Universo.

Além do mais, o que significa dizer que se viveu pouco? As coisas humanas são breves, e mesmo a mais longa das vidas é um ínfimo instante em comparação com a infinidade do tempo. Sete ou setenta anos são igualmente pouco tempo de vida em relação ao que não se vive antes do nascimento e depois da morte. O critério para julgar o breve e o longo não deve ser o relógio ou o calendário, mas algo de outra natureza, como Sêneca mostra no tratado *Sobre a brevidade da vida*. Breve é a vida dispersa em ocupações irrelevantes, correndo de um lado para outro atrás de bens que perdem o interesse tão logo os alcancemos. Nessa agitação sem propósito, fazemo-nos servos da Fortuna. Longa é a vida dedicada à virtude em cada um de seus instantes, buscando agir bem, de acordo com a Natureza, e não simplesmente continuar existindo. Viver muito não é viver por muitos anos nem chegar à velhice, mas viver bem durante o tempo concedido pela Providência. Como diz Sêneca no referido tratado: "para aquele cuja vida esteve livre de preocupações, por que não haveria ela de ser longa? Dela nada foi transferido a um outro, nada foi atirado a um e outro lado, nada foi dado à Fortuna, nada desperdiçado por negligência, nada foi esbanjado com prodigalidade, nada ficou sem ser empregado: toda ela, por assim dizer, teve proveito. E, desse modo, por mais curta que seja, ela é mais que suficiente; portanto, quando lhe vier o último dia, o sábio não hesitará em caminhar para a morte com passo firme" (*Sobre a brevidade da vida* XI, 2). Por esse critério moral, o filho de Márcia teve uma vida muito longa.

Sêneca e o suicídio

Podemos abordar agora uma das questões mais delicadas para o leitor contemporâneo que se aproxima do estoicismo em geral e da obra de Sêneca em particular: o suicídio.

Se o valor da vida não está nela mesma, mas na virtude com que ela é vivida, buscando sempre seguir a Natureza; e se a brevidade temporal não é relevante, podendo mesmo ser útil se afastar o homem das tentações e do poderio da Fortuna; então, poderíamos inclinar-nos a crer que o sábio ou o virtuoso deveria suicidar-se para preservar-se contra a corrupção. Seria, assim, a filosofia de Sêneca uma defesa do suicídio?

O leitor de hoje, que não está familiarizado com o contexto histórico e ético da sociedade romana, pende para essa leitura e fica horrorizado com tal possibilidade, ainda mais com os inúmeros exemplos que Sêneca apresenta de suicídios que foram a única saída digna e libertadora para aqueles que os cometeram.

Embora esse não seja o centro da argumentação da *Consolação a Márcia*, a questão está presente desde suas primeiras linhas, quando é mencionado o suicídio do pai, ao qual Márcia resistiu muito, mas acabou aceitando com resignação. Poderíamos falar também de Sócrates, que, de maneira semelhante ao que ocorreria com Sêneca, foi injustamente condenado em Atenas a envenenar-se bebendo cicuta. Mas preferimos destacar outro caso, o mais citado por Sêneca, e que se dá no contexto romano e de maneira inquestionavelmente voluntária. Trata-se do caso de Catão, o Jovem (95-46 a.C.), bisneto do sábio Catão, o Velho (234-149 a.C.).

Catão ocupou vários cargos em Roma, sendo sempre admirado pela justiça e moderação com que administrava. Opôs-se a César, cujas pretensões tirânicas ele via como ameaça aos princípios republicanos. Durante a guerra civil, aliou-se a Pompeu e, depois da morte deste, reuniu seus partidários remanescentes em Útica (no norte da África), que governou com tal honestidade, a ponto de conquistar a admiração e o respeito da população. Por fim, com a vitória de César sobre os pompeanos, Catão preferiu matar-se a render-se ao inimigo. Na primeira tentativa, com sua espada, ele não teve sucesso. Depois, para concluir seu intento, reabriu com as próprias mãos a ferida que havia feito. Sua morte (que, apesar das circunstâncias, foi serena) fez dele um símbolo da causa republicana. Para Sêneca, Catão é o exemplo máximo do suicídio digno. Na *Consolação a Márcia*, a menção ao suicídio não é central e serve mais para mostrar que não é o prolongamento da vida, por si mesmo, que deve ser valorizado. Por isso, deixemos de lado esse texto e abordemos outros em que o suicídio está no núcleo da discussão, para assim concluirmos nossa apresentação geral da visão de Sêneca sobre a morte.

No tratado *Sobre a tranquilidade da alma*, Sêneca retoma a metáfora da vida como um empréstimo da Fortuna, que pode retomá-lo a qualquer hora. Porém, esse caráter precário da vida (que faz dela não um bem verdadeiro, mas um indiferente) não significa que o sábio deva desprezar o seu uso. É preciso não confundir o desprezo que se deve ter pela vida (como de todos os bens da Fortuna) com um desprezo pelo bom uso da vida. Se viver não é um bem em si, viver bem é um bem verdadeiro. Por isso, o "empréstimo" da vida, para continuar a metáfora, deve ser tratado com todo o zelo que o homem consciencioso tem ao cuidar do objeto que lhe é confiado. Quando a Natureza retoma a vida concedida por empréstimo, o sábio a entrega com tranquilidade, exatamente porque apresenta uma alma melhor, mais virtuosa e perfeita do que a que recebeu. Ele sabe ter cumprido seu papel de guardião do bem que lhe foi conferido. Daí que seja inaceitável, para Sêneca, buscar a morte por ter-se horror à vida que se leva. Isso significaria ser ingrato com a Providência pelo presente recebido, além de supervalorizar males aparentes, dos quais se foge por meio da morte, mergulhando-se em um mal verdadeiro, o medo, seja ele da dor, da pobreza ou da própria morte. O sábio que decide suicidar-se, como fez Catão, o faz após longa reflexão, na qual conclui que a persistência da sua vida dependerá necessariamente da aceitação de um mal. Essa concepção não é uma novidade de Sêneca: segundo o latinista Ricardo da Cunha Lima, o estoicismo ortodoxo já concebia três situações que justificavam o suicídio: a) quando representava um sacrifício em cumprimento de deveres cívicos; b) quando as circunstâncias impediam a pessoa de viver em conformidade com a Natureza; c) quando a pessoa se via compelida a praticar atos incorretos, inevitáveis de outra forma. Excetuado o primeiro caso (similar ao de um bombeiro ou de um soldado que, pelo bem da sociedade, devem aceitar uma missão da qual dificilmente voltarão vivos), os outros se referem a situações-limite, em que a continuidade da vida é incompatível com a conduta moral. Não se aceita, portanto, o suicídio como mera fuga dos problemas da vida ou da melancolia profunda.

E o que diz Sêneca? Na Carta 70 a Lucílio, sobre o suicídio, o filósofo diz explicitamente que não é importante morrer mais cedo ou mais tarde; o importante é morrer bem. E o que é morrer bem? É escapar do perigo de viver mal. Mesmo que um sábio esteja ciente de que a morte certa o espera nas mãos de um tirano que o torturará barbaramente, nem por isso se matará, pois é tolice morrer por medo da morte. Porém, se as circunstâncias puderem conduzi-lo a cometer crimes, deve interromper a sua vida no momento que for. Por isso, Sêneca rejeita com veemência a opinião daqueles que, em nome da sabedoria, dizem ser uma ofensa à divindade tirar a própria vida. Ao contrário, a possibilidade do suicídio é a condição mesma da liberdade do homem, que o torna totalmente responsável pelos crimes que vier a cometer.

No tratado *Sobre a Providência divina*, assim como na Carta 70, Sêneca mostra como o suicídio está sempre à mão para evitar o mau uso da vida. Em suas palavras, a Providência pôs a vida num declive: basta um empurrãozinho para morrer, de modo que o caminho que leva à liberdade é breve e ligeiro. Por isso, enquanto a entrada na vida é uma só, passando pelo longo e doloroso caminho do parto, a saída é fácil, rápida e tem várias vias possíveis. Não fosse assim, o homem seria sempre refém da Fortuna, e, por mais que rejeitasse os bens e males aparentes, em dado momento as circunstâncias o colocariam na situação de ceder ao mal moral. Mas o homem não é refém, como mostrou Catão ao recusar submeter-se à tirania de César, e como também mostrou o próprio Sêneca, recusando submeter-se aos caprichos e à loucura de Nero. É nesse contexto e sob essas condições muito precisas que Sêneca defende o suicídio.

2. O pensamento cristão e a morte: o caso de Pascal

A esta altura, o leitor deve estar perguntando por que Sêneca, ao explorar tantos aspectos da relação do ser humano com a morte, não tocou em um ponto fundamental: a imortalidade da alma. Na verdade, essa pergunta parece natural para nós, porque estamos mergulhados em uma cultura cristã, independentemente de nossas crenças pessoais em uma ou outra religião.

Para o estoicismo, sendo a alma material, não havia por que ela ter um privilégio em relação à mortalidade dos corpos em geral. É verdade que, em alguns textos (como na própria *Consolação a Márcia*), Sêneca aventa a possibilidade de a alma sobreviver ao corpo. Porém, isso não é objeto de uma demonstração conclusiva, guardando apenas o caráter de hipótese. E mesmo essa hipótese não implica que a alma viveria indefinidamente depois da morte do corpo, mas apenas por certo tempo.

Já para os pensadores platônicos levantava-se o tema da imortalidade da alma, mas é sem dúvida com o cristianismo – cuja influência tornou-se predominante no pensamento ocidental durante os séculos seguintes – que a questão da imortalidade torna-se peça fundamental para a compreensão filosófica do papel da morte. Por isso, tomaremos aqui um filósofo cristão para ver um dos rumos desse debate. Esse filósofo será o francês Blaise Pascal.

O pensamento cristão teve muitas nuanças em seus mais de dois mil anos de história, frequentemente trazendo divergências insolúveis entre vários de seus representantes. Por isso, tomar um só filósofo para representar o pensamento cristão é uma escolha certamente parcial, para não dizer arriscada. De certo ponto de vista, porém, a escolha de Pascal justifica-se pela radicalidade de sua interpretação da religião, o que nos ajudará a demarcar mais nitidamente as diferenças da visão cristã em relação à do estoicismo de Sêneca.

A frágil condição humana

Blaise Pascal, importante filósofo, geômetra e polemista do século XVII, foi um cristão fervoroso, tanto que sua principal obra, conhecida como *Pensamentos*, é, na verdade, a reunião dos fragmentos preparatórios de uma apologia da religião cristã, isto é, uma defesa do cristianismo contra os pagãos. Entre esses escritos, encontramos inúmeras reflexões profundas e genuinamente filosóficas, nada tendo que ver com sectarismo religioso. No entanto, não se pode negar que muitas dessas reflexões dialogam com certos dogmas do cristianismo. O principal deles é a ideia de que o ser humano não está hoje no estado em que foi criado. Segundo o relato bíblico, o pecado original corrompeu Adão, tirando-o da proximidade de Deus, da pureza de coração, e colocando nele uma propensão a pecar que só não se efetiva se ele receber a intervenção divina.

Entre as consequências do pecado está também a mortalidade do corpo, à qual Adão não estava sujeito no paraíso. É nessa condição decaída, corrupta e corruptora, que devemos pensar a situação do ser humano diante da morte. Daí que a primeira diferença a saltar aos olhos em relação a Sêneca é que, no contexto cristão, não podemos dizer que a morte seja natural em sentido estrito. Ao contrário, ela é a punição de um crime, imposta por um Deus que está separado da Natureza criada por ele e que pode fazer o que bem entender com suas criaturas, não sendo retido por leis eternas, mas apenas por sua justiça (ao punir os pecadores) e por sua vontade de ser bom (ao perdoar alguns deles, que, no entanto, mereceriam, como todos os outros, a condenação eterna). E a vida, o que é? É igualmente um longo suplício, também parte dessa punição do pecado; suplício que às vezes não sentimos porque nos distraímos com os prazeres do dia a dia, mas que mais cedo ou mais tarde se revela para quem olha para si mesmo e para o mundo ao seu redor.

Nesse quadro de miséria (e Pascal talvez seja o mais pessimista dos pensadores cristãos), a vida após a morte traz a principal, senão única esperança de felicidade. Por conseguinte, o bom uso da vida não é tão importante por si mesmo, como em Sêneca, mas sobretudo por poder propiciar a recompensa de uma outra vida, esta sim compatível com a natureza do homem tal como criado por Deus. Para o cristão, a morte é a porta de entrada para uma imortalidade feliz. Por outro lado, como não é a própria razão natural que faz um homem alcançar a fé cristã, mas só a graça divina, que não depende de nós, a morte também pode trazer uma Eternidade de punição e miséria. Mesmo o cristão convicto pode perder a fé a qualquer momento, e, se for pego pela morte nessa situação, estará eternamente condenado. Daí o lema do cristão não poder ser "siga a Natureza", como para o estoico, pois isso levaria fatalmente ao vício e à destruição mútua dos seres humanos. É preciso romper com o que sentimos atualmente como nossa natureza (na verdade, a natureza corrompida) e fazer um movimento antinatural em direção à virtude. Sem a intervenção direta de Deus, a única coisa que fará o homem pensar em trilhar esse caminho árduo é a ameaça de uma punição eterna.

Como em Sêneca, também temos aqui a constatação de que a vida, por mais longa que seja, é breve em comparação com a Eternidade. Isso servia ao estoico para mostrar que o valor da vida não está na sua duração. Em Pascal, a mesma comparação serve para tirar todo o valor da vida, exceto naquilo que pode influenciar a Eternidade depois da morte. Em ambos os casos, o resultado moral desejado é uma vida virtuosa, mas, enquanto Sêneca busca isso com o olhar voltado para a própria vida, Pascal o faz com o olhar voltado para a Eternidade. Não é à toa que um dos temas mais frequentes do estoicismo consiste na concepção da virtude como recompensa de si mesma e na definição do homem virtuoso como aquele que não precisa de mais nada para ser feliz. Já no cristianismo, mesmo em versões menos radicais que a de Pascal, sempre está em jogo uma recompensa futura.

Mas, e se objetássemos a Pascal o seguinte: não sabemos se há uma vida eterna depois da morte e, como não somos cristãos, não temos obrigação de aceitar esse dogma; logo, por que mudaríamos algo em nossa conduta em nome de uma Vida Eterna da qual não temos certeza? Antes de mais nada, cabe lembrar que Pascal escreve uma apologia da religião cristã, ou seja, tem em vista o não cristão, no intuito de fazê-lo questionar sua posição. Portanto, ele não tem direito de pressupor os dogmas cristãos ao responder à objeção. Porém tem o direito de pôr em questão a razoabilidade (e a suposta neutralidade) de quem faz tal objeção. Será que a posição mais razoável para quem ignora se há uma vida após a morte é simplesmente desconsiderar o problema, como sugere a objeção? Se viverem sem ter em conta o julgamento divino e a punição (ou recompensa) eterna, os seres humanos, ao morrerem, encontrar-se-ão na necessidade ou de serem simplesmente aniquilados (se a religião for falsa), ou eternamente infelizes. É razoável simplesmente não pensar no assunto?

Para caracterizar melhor o dilema, Pascal nos pede para imaginarmos um prisioneiro que não sabe se sua sentença foi pronunciada e tem apenas uma hora para sabê-lo. Essa hora bastaria, se soubesse que foi sentenciado, para obter a revogação da sentença. Seria razoável passar essa hora jogando cartas em vez de informar-se sobre a sentença? De maneira semelhante, sabemos que a vida é curta e efêmera e estamos continuamente ameaçados pela morte. Deveríamos, então, desconsiderar as provas da religião só porque há a possibilidade de tudo acabar-se com a morte do corpo? Ou deveríamos investigá-las para ver se são fundamentadas e não meras superstições? Note-se que Pascal não está impondo ao leitor o resultado da investigação, mas apontando que o racional é investigar e, enquanto isso, levar em conta a possibilidade, ainda não descartada, de que haja uma Eternidade de punição ou recompensa. Afinal, o que perdemos com isso? Teremos uma vida calma e regrada, em vez de turbulenta e viciosa? Não parece ser uma verdadeira perda. De qualquer modo, o que dá força à argumentação pascaliana é o sentimento de proximidade da morte. Sem ele, a tentação de postergar a reflexão venceria facilmente.

A morte como sacrifício

Se os *Pensamentos* visam um leitor pagão, em suas cartas Pascal dialoga frequentemente com um leitor sabidamente cristão, para quem a religião já é um dado de fato. É esse ponto de vista que tomaremos agora. Como Sêneca, Pascal também escreveu cartas consolatórias. Por ocasião da morte de seu pai, em 1651, o filósofo escreveu à sua irmã Gilberte para consolá-la. Também como Sêneca, Pascal vincula a morte à Providência divina, mas o abismo entre as duas visões abre-se quando o pensador francês explica como isso se dá.

Para ele, a morte não é um efeito do acaso, não é uma necessidade fatal da Natureza, nem o mero jogo dos elementos que compõem o ser humano, mas sim o resultado (em suas palavras: inevitável, justo, santo e útil à religião) de um decreto da Providência, concebido desde toda a Eternidade para ser executado no momento devido. Esse resultado é dito inevitável, como também seria para Sêneca; porém, não por necessidade natural, e sim por vontade de Deus, o que permite qualificar tal evento de justo, santo e útil ao bem da Igreja. O que Pascal indica com essas palavras é a desnaturalização da Providência e, com ela, da morte. É o que ele diz com todas as letras no parágrafo seguinte da carta, ao criticar Sêneca e Sócrates: apesar de terem sido grandes filósofos, caíram no mesmo erro que cegou a quase todos os homens, a saber, tomaram a morte como natural ao ser humano. Por terem partido desse falso princípio, os escritos desses autores foram igualmente inúteis.

Cabe ao cristão interpretar a morte a partir da doutrina de Jesus Cristo, ou seja, como pena do pecado, pena que o filho de Deus assumiu voluntariamente para resgatar a humanidade. Mais precisamente, a morte é a conclusão do sacrifício que o cristão deve fazer para participar do sacrifício do Salvador. Assim, não estamos falando da morte como mero limite da vida, sem realidade própria, como em Sêneca. "Conclusão" significa aqui não o término, mas o coroamento do sacrifício, que sem ela não está completo. Só assim o pai de Pascal, que dedicou toda a sua vida a Deus, pode ser recebido por Ele. Por isso, Pascal diz a sua irmã que eles não perderam o pai no dia da morte, mas já muito antes, quando entrou na Igreja. Desde então ele já era de Deus; a morte apenas completou o que Deus e ele sempre quiseram, unindo suas vontades em uma só. Na perspectiva cristã, seu pai não deixou de viver, mas começou a verdadeira vida.

Pascal sabe, todavia, que Gilberte ainda sofre, mesmo conhecendo tudo que sua religião ensina. O horror à morte continua presente nela e em todos os outros seres humanos, cristãos ou não cristãos. Como explicar isso? Mais uma vez é preciso apelar ao dogma do pecado original, ou melhor, compreender mais um de seus aspectos. O horror à morte era natural para Adão quando ele era ainda inocente e não destinado a morrer. Como sua vida agradava a Deus, devia também agradar ao homem; logo, a morte lhe era horrível, pois terminaria uma vida conforme à vontade de Deus. Depois do pecado, a vida corrompeu-se e tornou-se odiosa, enquanto a morte passou a ser a interrupção dessa vida impura. O amor à vida e o horror à morte, justos no paraíso, tornaram-se injustificáveis; entretanto, permanecem no homem como um resquício da primeira natureza. Ele pensa que ainda está naquela condição paradisíaca, em que podia viver eternamente e estar sempre perto de Deus, bastando querer. Para Pascal, é essa ilusão que faz alguns "ingênuos", como Sêneca, acharem que basta "seguir a Natureza" para ser feliz. Tal diagnóstico, porém, não leva Pascal a recomendar à sua irmã a supressão desse amor à vida e desse ódio à morte. Não porque isso não seria desejável, mas porque seria impossível, visto que não podemos deixar de ser o que somos. Mas ele incita Gilberte a redirecionar esses sentimentos, amando a vida inocente de Adão, na qual ele ainda podia amar-se com justiça, e odiando a vida contrária a ela.

Ainda assim, restará muita tristeza em sua irmã, como também no próprio Pascal. Todavia, diferentemente de Sêneca, que julgava possível e recomendável superar com o tempo o sofrimento diante da morte, Pascal não pensa que o cristão deva afastar todo o sofrimento. A dor é parte do sacrifício da vida de cada cristão, e os irmãos Blaise e Gilberte Pascal devem fazer do luto pelo pai uma parte do sacrifício próprio de cada um. Não é justo, diz o filósofo, que eles não tenham nenhuma dor, como se fossem anjos, mas também não é justo que não tenham nenhum consolo, como os pagãos. Esses últimos não têm outra opção: ou fogem do sofrimento por meio dos divertimentos e ocupações fúteis que a vida lhes oferece, evitando a todo custo olhar para a realidade do mundo e de si mesmos, ou não suportarão continuar vivendo. O cristão, por sua vez, é afligido pelos sentimentos da Natureza ao mesmo tempo que é consolado por saber que esse sofrimento faz parte do caminho da salvação.

3. Um desafio aos dogmas: o caso de Espinosa

Apesar do predomínio do cristianismo no pensamento ocidental, mesmo no século XVII houve filósofos que escaparam a esse modelo e, por isso, tiveram uma compreensão radicalmente diversa a respeito da morte. Nesse sentido, não poderíamos encontrar um filósofo mais oposto a Pascal do que o judeu holandês Baruch de Espinosa.

As ideias de Espinosa, frontalmente contrárias a vários dogmas da religião judaica (bem como da cristã), custaram-lhe muito caro. Aos 24 anos, foi expulso da comunidade judaica de Amsterdam, o que não apenas representava ser considerado um inimigo da religião, mas também lhe proibia várias atividades profissionais. Por isso, esse filho de uma abastada família judia passou a ganhar a vida como polidor de lentes, o que não impediu que mantivesse uma intensa atividade intelectual, à qual devemos uma obra filosófica importantíssima, na qual se destaca a *Ética*, livro que reúne suas principais contribuições.

Espinosa recusava a ideia de um Deus criador, portador de uma vontade independente de seu intelecto. As coisas finitas, por conseguinte, não poderiam ser frutos de uma decisão divina, mas consequências necessárias do ser infinito de Deus. Se tudo é necessário, não faz sentido pensar que o homem decaiu de uma condição superior. As coisas são o que são e não poderiam ser diferentes. A essência de Adão (se aceitarmos que ele existiu) era só de Adão, e não de outro homem qualquer. Para compará-los, explica Espinosa, é preciso criar a ficção de um homem ideal, do qual todos se aproximam como variações da mesma coisa. Daí constataremos que uns seriam mais fortes ou fracos que outros, mais perfeitos ou imperfeitos que outros, e poderíamos colocar Adão (antes do pecado, é claro!) no alto da escala, enquanto colocaríamos os outros seres humanos nos degraus inferiores, ficando em baixo aqueles que mais divergissem de nós, sobretudo quanto à religião. Com isso colocaríamos na Natureza uma hierarquia de perfeição que não existe nela, mas é pura criação da nossa imaginação.

Na verdade, se cada homem é um indivíduo singular, não há sentido em compararmos uns com os outros, como se houvesse uma hierarquia. Todos eles são partes necessárias da Natureza. Nesse quadro, a ideia de pecado não tem sentido em si mesma: embora possamos dizer que alguém cometeu uma infração em relação a uma ordem política determinada, não se pode dizer que pecou contra Deus. Afinal, tudo que um homem faz (inclusive o suposto pecado de Adão) segue de sua essência individual e é uma consequência do ser divino.

Essas poucas linhas, que apresentamos sem as demonstrações detalhadas da *Ética*, já bastam para entender que o pensamento de Espinosa choca-se frontalmente com os principais dogmas do cristianismo. De fato, em 1674, os pastores protestantes holandeses exigiram que ele fosse condenado também pelos cristãos, e conseguiram que suas obras fossem proibidas. À sua maneira, os cristãos também incorporaram o texto da excomunhão judaica de Espinosa: "Maldito seja de dia e maldito seja de noite, maldito seja seu levantar e maldito seja seu deitar, maldito ele em seu sair e maldito em seu entrar." Vejamos o que este filósofo "maldito" tem a dizer sobre o nosso tema.

Morte e esforço de perseverar

Para Espinosa, as coisas não são criadas por Deus como algo externo a ele (como no pensamento cristão), mas são consequências necessárias da potência divina; são ações de Deus, que, por isso, não se separam de Deus. Quando diz que elas são partes da Natureza, Espinosa entende que são parte da potência divina, ou seja, as coisas são também uma força de existir. Nas palavras do autor, o ser humano, assim como todas as coisas, é um esforço de perseverar na existência. É isso o que o homem é no sentido mais profundo; portanto, a morte não pode estar incluída em sua essência.

Há muitas semelhanças entre Sêneca e Espinosa com relação à necessidade de tudo o que acontece, mas Espinosa teria algumas restrições à ideia estoica de que a morte é natural. Não que Espinosa concordasse com Pascal em que a morte é uma punição. O que ele pensa é que a morte, embora vá ocorrer necessariamente, não faz parte da natureza de uma coisa. Aliás, nem poderia ser diferente, já que toda coisa é entendida como um esforço de perseverar na existência. Mas, então, como se explica a morte? Mais ainda, como se explica que a morte ocorra necessariamente?

A *Ética* nos responde (na proposição 4 da parte III) que nenhuma coisa pode ser destruída senão por uma causa externa. Em outras palavras, a morte sempre vem de fora. Não é a coisa que tem em si a necessidade de morrer no fim de certo período. Ao contrário, Espinosa insiste em dizer que a essência de uma coisa não envolve uma duração determinada. Se houvesse "data de validade", teríamos de dizer que em certo momento a essência deixa de ser um esforço, o que Espinosa nunca aceitaria. Toda coisa sempre se esforça por perseverar e, na medida em que é consciente desse esforço, deseja viver. Isso não significa que o esforço poderá sempre superar os obstáculos externos: Espinosa diz que, dada uma coisa, sempre há outra mais potente que pode destruí-la. Por isso, as coisas necessariamente morrem, e, nesse sentido, a morte é natural. Todavia, a morte só é natural em função da totalidade da Natureza, que abrange muitas coisas nocivas umas às outras, mas não em função da natureza da própria coisa que morre. Essa última é sempre um esforço de existir, e nisso todas as coisas são iguais.

Ao dizer isso, Espinosa não pensa apenas na morte por assassinato ou acidente. Mesmo as doenças só podem ser compreendidas como agentes externos que invadem nosso corpo, tal como um vírus, e nunca como o que chamaríamos hoje de doença autoimune. A ideia de que o próprio corpo, devido a fatores genéticos, pode atacar a si mesmo é algo que soaria completamente absurdo para Espinosa, que felizmente não precisou enfrentar essa objeção na sua época.

De outra objeção, porém, Espinosa não teve como escapar, objeção que nos religa a um aspecto fundamental da reflexão de Sêneca, embora não tenha aparecido em Pascal: o suicídio. O problema é claro: se toda coisa é esforço de perseverar na existência, e, no caso do ser humano, desejo de viver, como pode dar-se que alguns homens se suicidem? Esse parece ser um dado de fato que contradiz diretamente a tese de Espinosa. Por isso foi preciso enfrentar o problema.

Há mesmo suicídio?

No escólio da proposição 20 da parte IV da *Ética*, Espinosa garante que ninguém se mata pela necessidade de sua natureza. Portanto, se seguir a Natureza (como, aliás, já aconselhavam os estoicos), nenhum homem será levado ao suicídio. Essa é a lei da Natureza: buscar manter a vida. Mas, se alguém vier a se matar, não o terá feito senão sob a coação de causas exteriores, e Espinosa dá três exemplos dessa coação.

O primeiro exemplo é bem grosseiro e ninguém o classificaria propriamente como suicídio: trata-se do caso em que outra pessoa torce o braço de alguém e faz com que a espada que ele segura vire-se contra seu próprio peito. O segundo é o de alguém que, como Sêneca (e Espinosa o menciona explicitamente), por ordem de um tirano, é obrigado a cortar os pulsos. Depois de ouvir Sêneca sobre o suicídio, não podemos considerar casual que o filósofo holandês utilize-se do famoso romano como exemplo de um suicídio por coerção, que aos olhos de Espinosa não é um suicídio e aparenta-se muito ao caso da torção do braço. A diferença é que a coerção não é feita fisicamente, mas pela ameaça de um mal maior contra a pessoa em questão, seus familiares e amigos, ou a comunidade de que faz parte. Espinosa não aceitaria que o suicídio de Sêneca ou de Catão fossem, como quereria a interpretação estoica dos dois, um caminho de libertação da tirania da Fortuna, uma maneira de declarar sua autonomia diante das forças externas que os obrigariam, caso a vida continuasse, a ceder a algum tipo de corrupção. Do ponto de vista de Espinosa, a escolha do mal menor no caso dos dois notórios romanos foi o resultado da opressão de Nero e César respectivamente, atribuindo-se portanto à ação destes, e não à liberdade de Sêneca e Catão. Note-se que Espinosa não condena o ato de Sêneca, mas muda a maneira de vê-lo, o qual, como todas as coisas, não poderia ter deixado de ocorrer. O louvor ao suicídio digno é substituído pela denúncia de um assassinato cometido pelo tirano, mesmo que com uma aparência diversa da de um ataque por tiro ou faca.

Ainda não falamos do terceiro exemplo, o mais complexo dos três. Causas externas podem ser de tal maneira absorvidas pela imaginação, que passamos a crer que somos uma coisa diferente do que somos, e mesmo contrária ao que somos. Essa imagem de nós mesmos pode apresentar-nos, por exemplo, como perversos, fracos, como empecilhos para a realização de nosso verdadeiro eu, que cremos ser grandioso e brilhante. Como as duas imagens são conflitantes, podemos ser levados a destruir uma delas, a matar nosso falso eu, que ameaça o outro, e com isso chegamos à autodestruição. Para a imaginação, porém, o homem não mata a si mesmo, mas a um outro que o retinha e consumia; matá-lo, para a imaginação, é lutar a fim de preservar no ser o "eu verdadeiro", ou seja, mata-se sempre ao outro, nunca a si mesmo. Ocorre que, na filosofia de Espinosa, a imaginação é o tipo de conhecimento pelo qual somos totalmente determinados por causas externas, mesmo quando cremos estar agindo espontaneamente. A razão é o conhecimento por autodeterminação, mas por ela só buscamos viver. Portanto, mesmo nesse terceiro exemplo, a morte vem de fora.

Em suma, vemos que nos três casos não há propriamente suicídio, mas uma autodestruição devida a causas exteriores, por mais que a imaginação nos induza a crer que são interiores. De dentro só pode vir a busca pela vida.

4. Conclusão

Nosso percurso de investigação a respeito da morte passou por três filósofos muito distintos entre si, mas os três concordariam no seguinte ponto: a reflexão sobre a morte só tem sentido como valorização da vida. A vida virtuosa, no caso de Sêneca; a vida eterna, no caso de Pascal; a vida como esforço essencial em Espinosa.

Mesmo para nós, hoje, refletir sobre a morte não pode resultar de uma curiosidade mórbida, pois se trata de uma investigação sobre nossa maneira de viver. Compreender a própria finitude é um grande passo para fazer nossa duração finita valer a pena. Por isso, os três pensadores que nos conduziram neste percurso recusaram o medo da morte, seja a sua própria, seja a dos entes queridos.

Por razões diversas em cada caso, eles sabiam que essa paixão (o medo) não resiste à reflexão, de modo que fizeram da sua discussão sobre a morte o mais eficaz dos consolos. Consolar foi refletir junto com Márcia ou Gilberte e fazer da força despertada por essa reflexão um impulso para uma nova maneira de vida. A vocês, leitores, fica o convite para continuar nesse caminho.

OUVINDO OS TEXTOS

Texto 1. Sêneca (*c.* 4 a.C.-65 d.C.), *O que faz a vida ser breve ou longa*

Deve-se aprender a viver por toda a vida, e, por mais que tu talvez te espantes, a vida toda é um aprender a morrer. Muitos dos maiores homens, tendo afastado todos os obstáculos e renunciado às riquezas, a seus negócios, aos prazeres, empregaram até o último de seus dias para aprender a viver; contudo muitos deles deixaram a vida tendo confessado ainda não sabê-lo. [...] Creia-me, é próprio de um grande homem e de quem se eleva acima dos erros humanos não consentir que lhe tomem um instante sequer da vida, e assim toda sua vida é muito longa, uma vez que se dedicou todo a si próprio, não importa quanto ela tenha durado. Nem um instante dela permaneceu descuidado ou ocioso, ou esteve subordinado a um outro, e, portanto, ele, seu guarda parcimonioso, não encontrará ninguém que julgue ter vivido tão dignamente a ponto de querer trocar sua vida com ele. Portanto, para este, seu tempo foi suficiente.

> SÊNECA. *Sobre a brevidade da vida* VII, 3-5. Trad. William Li. São Paulo: Nova Alexandria, 1993, p. 34.

Texto 2. Sêneca (c. 4 a.C.-65 d.C.), *Elogio da morte*

Ignora seus males quem não louva e espera a morte como o melhor achado da Natureza, seja que ela coroe a felicidade, seja que afaste a desgraça, seja que termine a satisfação e o cansaço do velho, seja que leve embora a juventude em flor no tempo das melhores esperanças, seja que tome a infância antes dos passos mais duros; fim para todos, remédio para muitos, desejo para alguns, por nenhum a morte é mais merecida do que por aquele ao qual ela chega antes de ser invocada. É ela que liberta da escravidão, contra a vontade do senhor; é ela que alivia as correntes do prisioneiro; é ela que tira do cárcere a quem era impedido por um tirano; é ela que mostra aos exilados, sempre de olhos e ânimos voltados para a pátria, que não importa entre quais homens se é sepultado; é ela que iguala tudo se a Fortuna dividiu mal as coisas comuns e sujeitou uns aos outros os homens nascidos com igual direito; depois dela, ninguém fica sob o arbítrio de outro; nela ninguém ressente sua posição social; é ela que nunca foi recusada a ninguém; é ela, Márcia, que teu pai desejou; a ela devemos o fato de que ter nascido não seja um suplício, de que eu não me abata diante das ameaças que se apresentam, de que eu possa manter o ânimo são e senhor de si.

> SÊNECA. *Consolação a Márcia* XX. Trecho traduzido por Luís César Oliva a partir da edição italiana *Le Consolazioni*. Milão: Rizzoli, 1990, p. 104.

Texto 3. Blaise Pascal (1623-1662), *A morte como porta para a Eternidade*

Essa Eternidade permanece, e a morte, que deve abri-la e que ameaça [os seres humanos] a toda hora, deve colocá-los infalivelmente dentro de pouco tempo na horrível necessidade de serem eternamente aniquilados ou infelizes, sem que saibam qual dessas eternidades lhes está para sempre preparada. Aí está uma dúvida de consequência terrível. Eles estão no perigo da Eternidade de misérias; e sobre isso, como se a coisa não valesse a pena, negligenciam examinar se essa opinião é daquelas que o povo recebe por uma simplicidade demasiado crédula, ou daquelas que, embora obscuras em si mesmas, têm fundamento muito sólido, embora oculto. Assim, não sabem se há verdade ou falsidade na coisa, nem se há força ou fraqueza nas provas. Eles as têm diante dos olhos; recusam olhar para elas e, nessa ignorância, tomam o partido de fazer tudo que é preciso para cair nessa desgraça se ela existir, de esperar para tirar a prova na hora da morte, de ficar enquanto isso muito contentes com seu estado, de fazer dele profissão e mesmo vaidade. Pode-se pensar seriamente na importância de tudo isso sem ter horror de um procedimento tão extravagante?

PASCAL, B. *Pensamentos*. Fragmento 428 (195).
Trad. Mário Laranjeira. São Paulo: Martins Fontes,
2001, p. 172.

Texto 4. Baruch de Espinosa (1632-1677), *Matar-se é contrário a sua natureza*

Ninguém, portanto, a não ser que seja dominado por causas exteriores e contrárias a sua natureza, descuida-

-se de desejar o que lhe é útil, ou seja, de conservar o seu ser. Quero, com isso, dizer que não é pela necessidade de sua natureza, mas coagido por causas exteriores, que alguém se recusa a se alimentar ou se suicida, o que pode ocorrer de muitas maneiras. Assim, alguém se suicida coagido por outro, que lhe torce a mão direita, a qual, por acaso, segurava uma espada, obrigando-o a dirigi-la contra o próprio coração. Ou, se é obrigado, como Sêneca, pelo mandato de um tirano, a abrir as próprias veias, por desejar evitar, por meio de um mal menor, um mal maior. Ou, enfim, porque causas exteriores ocultas dispõem sua imaginação e afetam seu corpo de tal maneira que este assume uma segunda natureza, contrária à primeira, natureza cuja ideia não pode existir na mente. Que o homem, entretanto, se esforce, pela necessidade de sua natureza, a não existir ou a adquirir outra forma, é algo tão impossível quanto fazer que alguma coisa se faça do nada, como qualquer um, com um mínimo de reflexão, pode ver.

ESPINOSA, B. de. *Ética*. Parte IV, escólio da proposição 20. Trad. Tomaz Tadeu. Belo Horizonte: Autêntica, 2007, p. 291.

EXERCITANDO A REFLEXÃO

1. Algumas questões para você compreender melhor o tema:

1.1. Por que a noção estoica de "indiferente" foi importante para a reflexão de Sêneca a respeito da vida e da morte?

1.2. Em que sentido pode-se dizer que Sêneca defende um desprezo da vida?

1.3. Por que, para Sêneca, não faz sentido temer a morte?

1.4. O recurso de Pascal à religião cristã para refletir sobre a morte é um ato não filosófico ou contrário à razão? Justifique.

1.5. Por que o desprezo da vida segundo Pascal é diferente do desprezo da vida segundo Sêneca?

1.6. Por que Pascal necessita recorrer à Eternidade para compreender a vida e a morte?

1.7. Em que sentido, para Pascal, a morte não é natural?

1.8. Por que, segundo Espinosa, a crítica à idealização do ser humano é útil para discordar da antropologia cristã?

1.9. Como o esforço universal para manter-se na existência é útil, segundo Espinosa, para compreender a morte?

1.10. Por que Espinosa necessita partir do princípio de que tudo o que existe é necessário para compreender a existência e a morte?

1.11. Seria correto dizer que, segundo o pensamento de Espinosa, Deus é tudo ou Deus é a Natureza? Justifique.

1.12. Por que, segundo Espinosa, não há suicídio verdadeiro?

2. Praticando-se na análise de textos:

2.1. No texto 1, Sêneca afirma que toda a vida de um homem sábio "é muito longa, uma vez que se dedicou todo a si próprio". Com base nessa afirmação, explique como seria possível que alguém viva pouco e que, ainda assim, sua vida seja considerada longa.

2.2. No texto 2, em vez de elaborar raciocínios de maneira típica (indutivos ou dedutivos, por exemplo), Sêneca enumera razões para dizer a Márcia que a morte é o melhor achado da Natureza. Há doze razões. Encontre-as e diga quais são.

2.3. No texto 3, qual a dúvida terrível que atormenta a humanidade no que concerne à morte?

2.4. Podemos dizer que a afirmação de Espinosa, segundo a qual é impossível que o homem "se esforce, pela necessidade de sua natureza, a não existir ou a adquirir outra forma", é o fundamento de todo o texto 4? Justifique.

3. Alguns exercícios para aprofundar sua reflexão:

3.1. Faça uma pesquisa sobre o pensamento estoico e identifique o que os filósofos pertencentes a essa tendência entendiam por Providência, Destino e Fortuna. Uma obra de fácil acesso, na qual você pode encontrar uma exposição razoável sobre a "física" estoica, é: REALE, G. *História da filosofia antiga*. Trad. Marcelo Perine. São Paulo: Loyola, 1994, vol. III.

3.2. Pesquise como os romanos falavam da deusa Fortuna (e os gregos da deusa Tyché), a fim de entender por que os filósofos tomaram dela o nome para designar os eventos da existência que não dependem de nós. Consulte, por exemplo, o verbete *Fortuna* na Wikipédia. Para conhecer melhor a assimilação filosófica dessa imagem, leia o verbete *Acaso* em: FERRATER MORA, J. *Dicionário de filosofia*. Vários tradutores. São Paulo: Loyola, 2001, tomo II. Uma obra filosófica que contém certamente a maior reflexão sobre a Fortuna é a *Consolação da filosofia*, de Boécio (475-525): BOÉCIO. *A consolação da filosofia*. Trad. William Li. São Paulo: Martins Fontes, 1998.

3.3. Na prosa 11 do livro III da *Consolação da filosofia*, Boécio também fala do suicida como alguém que é coagido por motivos externos, não naturais a ele: "Se considero os animais dotados da capacidade de querer ou não querer, não encontro nenhum que renuncie à intenção de continuar a existir, a não ser que seja constrangido por forças externas a desejar a morte." Vimos como essa ideia reaparece em Espinosa. Compare-a com o elogio do suicídio de Sêneca e procure verificar qual das concepções faz mais sentido.

3.4. Vimos nesta obra como Pascal adota posições bastante radicais, fundamentadas em teses cristãs. Faça uma pesquisa sobre o movimento cristão chamado "jansenismo" (inspirado por Jansenius ou Jansênio, 1585-1638), a fim de compreender melhor o cristianismo de Pascal.

3.5. Faça uma pesquisa na Bíblia e procure encontrar passagens que confirmem as ideias de Pascal. Depois, procure passagens que as relativizem ou mesmo as contradigam. Comece comparando Isaías 13, 11 com Marcos 3, 28. Reflita também: como é possível que um documento religioso, como a Bíblia, contenha afirmações aparentemente tão contraditórias?

DICAS DE VIAGEM

1. Para você continuar sua viagem pelo tema da existência e a morte, sugerimos que assista aos seguintes filmes, tendo em mente as reflexões que fizemos neste livro:

1.1. *Ponette, à espera de um anjo* (*Ponette*), direção de Jacques Doillon, França, 1996.

1.2. *Mar adentro*, direção de Alejandro Amenábar, Espanha, 2004.

1.3. *O sétimo selo* (*Det Sjunde Inseglet*), direção de Ingmar Bergman, Suécia, 1957.

1.4. *A falecida*, direção de Leon Hirszman, Brasil, 1965.

1.5. *Ensina-me a viver* (*Harold and Maude*), direção de Hal Ashby, EUA, 1971.

1.6. *As invasões bárbaras* (*Les invasions barbares*), direção de Denys Arcand, Canadá, 2003.

1.7. *Morangos silvestres* (*Smultronstället*), direção de Ingmar Bergman, Suécia, 1957.

1.8. *Orfeu* (*Orphée*), direção de Jean Cocteau, França, 1950.

1.9. *Ano passado em Marienbad* (*L'année dernière à Marienbad*), direção de Alain Resnais, França, 1961.

1.10. *Iris*, direção de Richard Eyre, Reino Unido, 2001.

1.11. *Morte de si*, documentário, direção de Nana Caê, Brasil, 2011.

1.12. *Kaos*, direção de Paolo e Vittorio Taviani, Itália, 1984.

1.13. *A natureza da existência* (*The Nature of Existence*), documentário, direção de Roger Nygard, EUA, 2010.

1.14. *Monty Python: o sentido da vida* (*Monty Python's – The Meaning of Life*), direção de Terry Jones, Reino Unido, 1983.

1.15. *La vida útil*, direção de Federico Veiroj, Uruguai, 2010.

2. Ouça as seguintes peças musicais:

2.1. *A Morte e a Donzela*, quarteto de cordas número 14, de Franz Schubert.

Disponível em:

Parte 1: http://www.youtube.com/watch?v=6rxyiIX2_3Q

Parte 2: http://www.youtube.com/watch?v=Rpu5k4RHl8Q

Parte 3: http://www.youtube.com/watch?v=mlIERBOg--0

Parte 4: http://www.youtube.com/watch?v=U_U55f3TM-4

2.2. *A coroação de Poppea*, ópera de Cláudio Monteverdi (o filósofo Sêneca é um dos personagens principais da ópera).

Disponível em:

Prólogo: http://www.youtube.com/watch?v=wpCjBgFHvA4&feature=results_main&playnext=1&list=PL1E4EFE823A85B605

Na página do prólogo, aqui indicada, abrem-se os links para os vídeos das outras partes da ópera. As legendas são em espanhol.

2.3. *Sinfonia número 2, A Ressurreição*, de Gustav Mahler.

Disponível em: http://www.youtube.com/watch?v=d6idPaGqvV8

2.4. *Madama Butterfly*, ópera de Giacomo Puccini. Disponível em:
Parte1: http://www.youtube.com/watch?v=fl XGpl5D7s&feature=BFa&list=PL6F4F9BC0E F2B57CD&lf=results_main
Na página da parte 1, aqui indicada, abrem--se os links para os vídeos das outras partes da ópera. As legendas são em inglês.

3. Algumas obras literárias que podem ampliar sua reflexão sobre a existência e a morte:

  3.1. *As intermitências da morte*, de José Saramago. São Paulo: Companhia das Letras, 2005.

  3.2. *A morte de Ivan Ilitch*, de Lev Tolstoi, trad. Boris Schnaiderman, São Paulo: Editora 34, 2006.

  3.3. *Memórias póstumas de Brás Cubas*, de Machado de Assis. São Paulo: Scipione, 1998.

  3.4. *A náusea*, de Jean-Paul Sartre, trad. Rita Braga. Rio de Janeiro: Ediouro, 2006.

  3.5. *A última ao cadafalso*, de Gertrud von le Fort, trad. Roberto Furquim. Petrópolis: Vozes, 1988.

3.6. *Crônica de uma morte anunciada*, de Gabriel García Márquez, trad. Remy Gorga. Rio de Janeiro: Record, 1981.

3.7. *Da morte. Odes mínimas*, de Hilda Hilst. São Paulo: Globo, 2003.

3.8. *Sobre a morte*, de Elias Canetti, trad. Rita Rios. São Paulo: Estação Liberdade, 2009.

4. Para completar nossas dicas de viagem, citamos um trecho do clássico poema dramático *Morte e Vida Severina*, de João Cabral de Melo Neto, posteriormente musicado por Chico Buarque. Permita à poesia falar ao seu coração e à sua mente:

– A quem estais carregando,
irmãos das almas,
embrulhado nessa rede?
dizei que eu saiba.

– A um defunto de nada,
irmão das almas,
que há muitas horas viaja
à sua morada.

— E sabeis quem era ele,
irmãos das almas,
sabeis como ele se chama
ou se chamava?

— Severino Lavrador,
irmão das almas,
Severino Lavrador,
mas já não lavra.

— E de onde que o estais trazendo,
irmãos das almas,
onde foi que começou
vossa jornada?

— Onde a caatinga é mais seca,
irmão das almas,
onde uma terra que não dá
nem planta brava.

— E foi morrida essa morte,
irmãos das almas,
essa foi morte morrida
ou foi matada?

— Até que não foi morrida,
irmão das almas,
esta foi morte matada,
numa emboscada.

— E o que guardava a emboscada,
irmão das almas
e com que foi que o mataram,
com faca ou bala?

— Este foi morto de bala,
irmão das almas,
mas garantido é de bala,
mais longe vara.

— E quem foi que o emboscou,
irmãos das almas,
quem contra ele soltou
essa ave-bala?

— Ali é difícil dizer,
irmão das almas,
sempre há uma bala voando
desocupada.

– E o que havia ele feito
irmãos das almas,
e o que havia ele feito
contra a tal pássara?

– Ter um hectares de terra,
irmão das almas,
de pedra e areia lavada
que cultivava.

– Mas que roças que ele tinha,
irmãos das almas
que podia ele plantar
na pedra avara?

– Nos magros lábios de areia,
irmão das almas,
os intervalos das pedras,
plantava palha.

– E era grande sua lavoura,
irmãos das almas,
lavoura de muitas covas,
tão cobiçada?

– Tinha somente dez quadras,
irmão das almas,
todas nos ombros da serra,
nenhuma várzea.

– Mas então por que o mataram,
irmãos das almas,
mas então por que o mataram
com espingarda?

– Queria mais espalhar-se,
irmão das almas,
queria voar mais livre
essa ave-bala.

– E agora o que passará,
irmãos das almas,
o que é que acontecerá
contra a espingarda?

– Mais campo tem para soltar,
irmão das almas,
tem mais onde fazer voar
as filhas-bala.

– E onde o levais a enterrar,
irmãos das almas,
com a semente do chumbo
que tem guardada?

– Ao cemitério de Torres,
irmão das almas,
que hoje se diz Toritama,
de madrugada.

– E poderei ajudar,
irmãos das almas?
vou passar por Toritama,
é minha estrada.

– Bem que poderá ajudar,
irmão das almas,
é irmão das almas quem ouve
nossa chamada.

– E um de nós pode voltar,
irmão das almas,
pode voltar daqui mesmo
para sua casa.

– Vou eu que a viagem é longa,
irmãos das almas,
é muito longa a viagem
e a serra é alta.

– Mais sorte tem o defunto
irmãos das almas,
pois já não fará na volta
a caminhada.

– Toritama não cai longe,
irmãos das almas,
seremos no campo santo
de madrugada.

– Partamos enquanto é noite
irmãos das almas,
que é o melhor lençol dos mortos
noite fechada.

LEITURAS RECOMENDADAS

Além das obras já mencionadas neste livro, há outras que podem enriquecer sua reflexão sobre o tema da existência e a morte:

ARIES, P. *História da morte no Ocidente: da Idade Média aos nossos dias*. Trad. Priscila V. Siqueira. Rio de Janeiro: Ediouro, 2003.
O autor apresenta nesta obra o resultado de uma rica pesquisa em torno das concepções e atitudes relativas à morte no Ocidente. Explora o modo como se passou da morte "domesticada", familiar, típica da Idade Média, à morte "interdita", repelida, transformada em tabu em nossos dias.

BECKER, E. *A negação da morte*. Trad. Luiz Carlos do Nascimento Silva. Rio de Janeiro: Record, 2007.
O autor investiga, de um ponto de vista filosófico e psicológico, a tendência de negar a morte, que estaria ligada a certos mitos racionalistas modernos.

CAMUS, A. *O mito de Sísifo*. Trad. Mauro Gama. Rio de Janeiro: Guanabara, 1989.

Obra clássica sobre o tema do suicídio, redigida no século XX por um dos mais importantes escritores de nossa época.

DAVIES, D. J. *História da morte*. Trad. Maria Augusta Júdice. Alfragide: Teorema, 2010.

Rica pesquisa de cunho histórico e antropológico, a respeito das concepções de morte em diversas culturas, incluindo rituais, processos etc.

FREUD, S. "Além do princípio do prazer". In: FREUD, S. *Obras psicológicas completas*. Vários tradutores. Rio de Janeiro: Imago, 2011.

Obra importante para o leitor interessado em explorar o aspecto psicanalítico do tema da existência e a morte.

KÜBLER-ROSS, E. *Sobre a morte e o morrer*. Trad. Paulo Menezes. São Paulo: WMF Martins Fontes, 2008.

Obra de psicologia, em que a autora analisa e descreve as experiências de pacientes terminais, extraindo daí conclusões muito esclarecedoras não somente do processo de morrer, mas também de viver.

PLATÃO. *Defesa de Sócrates* e *Fédon*. In: PLATÃO. *Diálogos*. Trad. Jaime Bruna. São Paulo: Cultrix, 1995.

Entres os antigos que refletiram sobre a morte, Sócrates evidentemente se destaca, inclusive pelas circunstâncias da sua própria morte. Ele não deixou obras escritas, mas alguns dos diálogos de Platão refletem as ideias de Sócrates. É o caso da Defesa de Sócrates *(também conhecido como* Apologia de Sócrates*) e do* Fédon.

PUENTE, F. R. *Os filósofos e o suicídio*. Belo Horizonte: UFMG, 2008.

Coletânea de textos filosóficos sobre o suicídio.

SCHOPENHAUER, A. *Metafísica do amor & Metafísica da morte*. Trad. Jair Barboza. São Paulo: Martins Editora, 2004.

No século XIX, Schopenhauer fez importantes contribuições sobre o tema da existência e a morte. Destacamos os dois textos contidos nessa obra, além de O mundo como vontade e como representação, *obra mais conhecida do autor.*

SCIACCA, M. F. *Morte e imortalidade*. Trad. Valdemar A. Munaro. São Paulo: É Realizações, 2011.

Reflexão vigorosa sobre o sentido da morte e da imortalidade, ancorada na liberdade de cada ser humano.

SÊNECA. *As relações humanas: a amizade, os livros, a filosofia, o sábio e a atitude perante a morte.* Trad. Renata Maria Parreira Cordeiro. São Paulo: Landy, 2007.

Coletânea de textos de Sêneca, com importantes excertos da Correspondência com Lucílio, *que apresenta o pensamento maduro do autor sobre vários temas, inclusive a morte.*

SÊNECA. *Da tranquilidade da alma e outras obras.* In: *Epicuro, Lucrécio, Cícero & Sêneca.* Trad. Giulio Davide Leoni. São Paulo: Nova Cultural, 1988. Col. "Os Pensadores".
Neste volume da coleção Os Pensadores, *encontram-se quatro obras de Sêneca, entre as quais* Da tranquilidade da alma, *muito útil para compreender o pensamento do autor a respeito da existência perante a morte.*

VON BALTHASAR, H. U. *O cristão e a angústia.* Trad. Antonio Alves Guerra. São Paulo: Novo Século, 2000.
Obra de caráter filosófico-teológico em que o autor analisa o tema da angústia provocada pela existência e a morte, baseado em ideias de alguns pensadores cristãos como Pascal e Kierkegaard, entre outros.